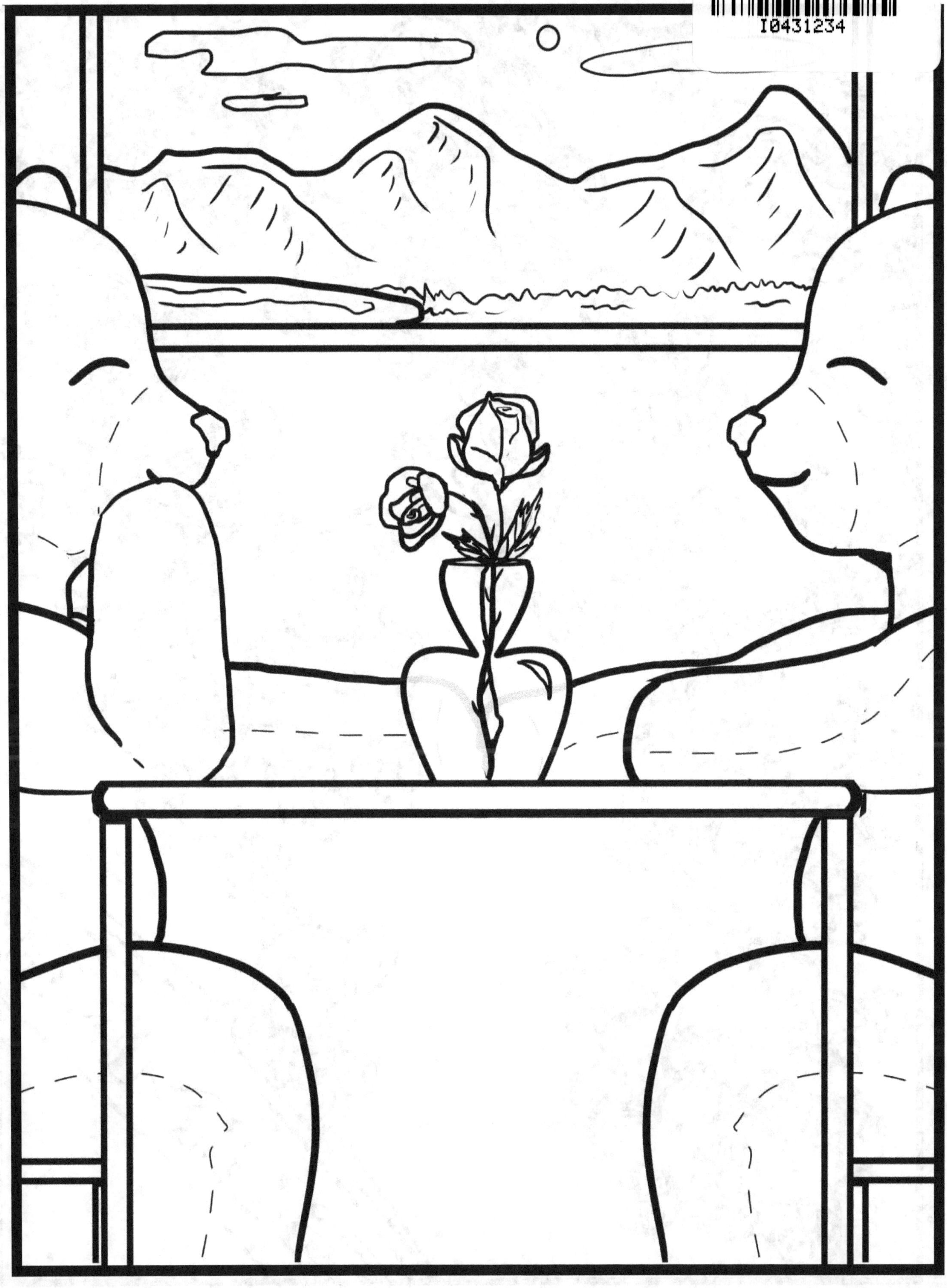

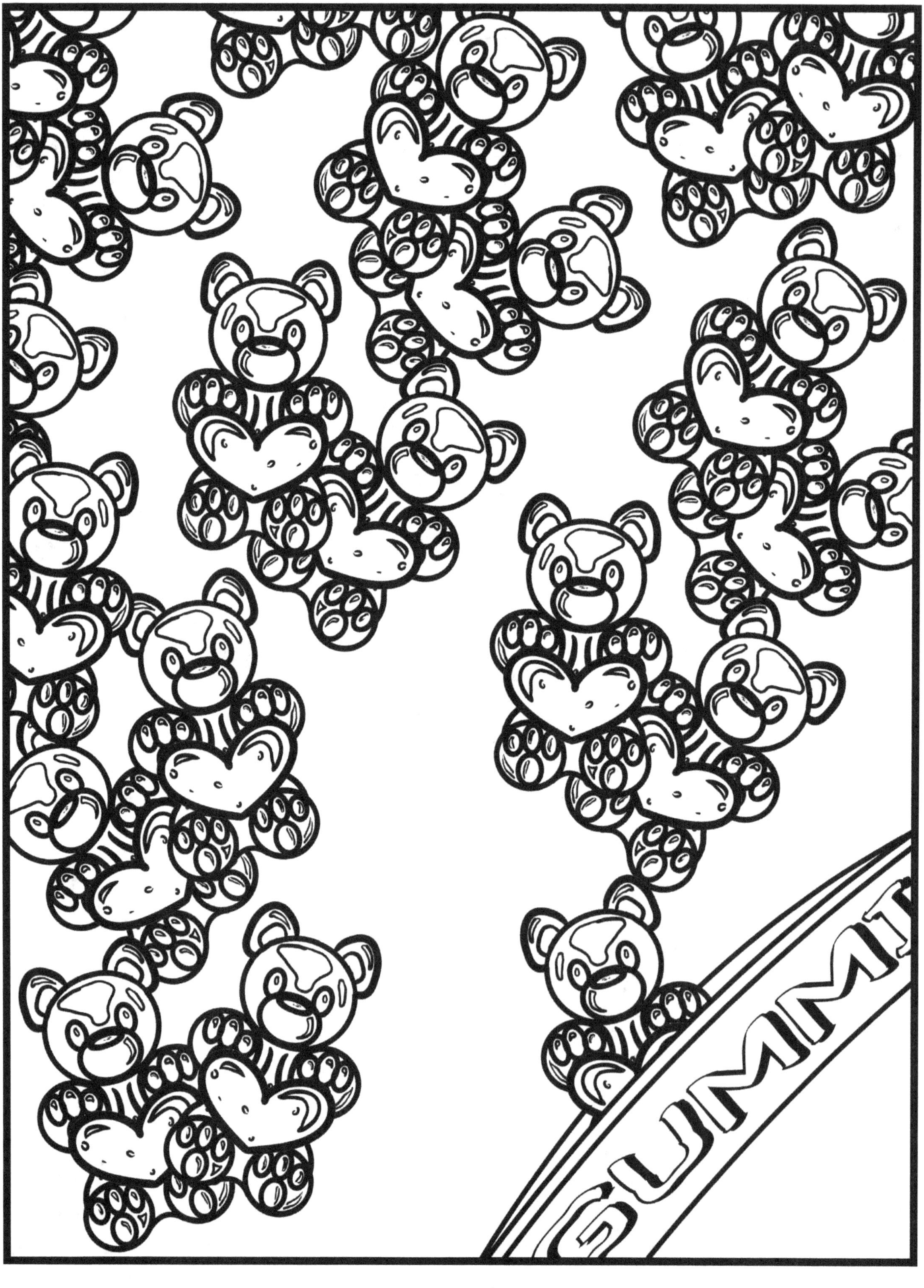
GUMMIT

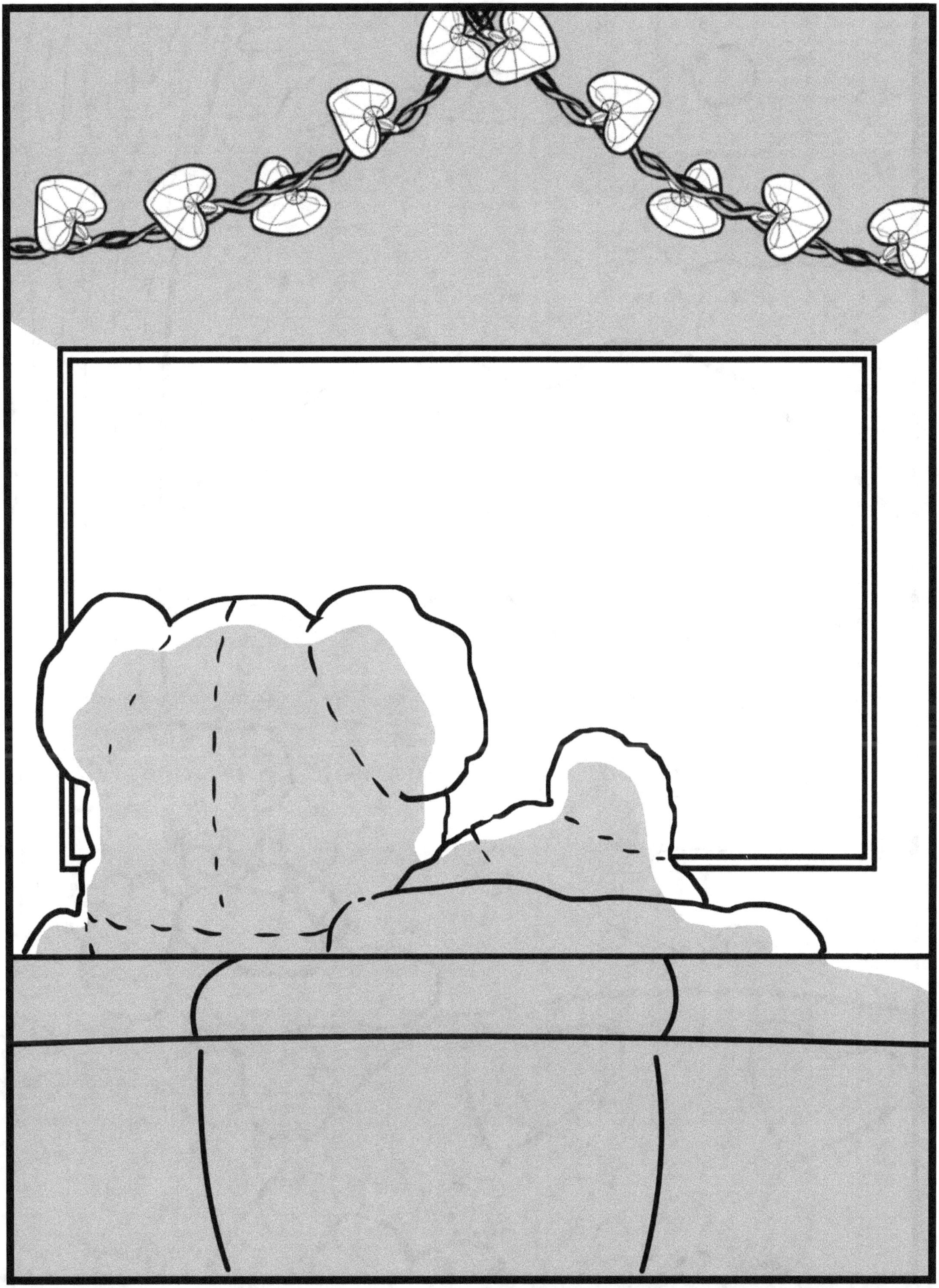

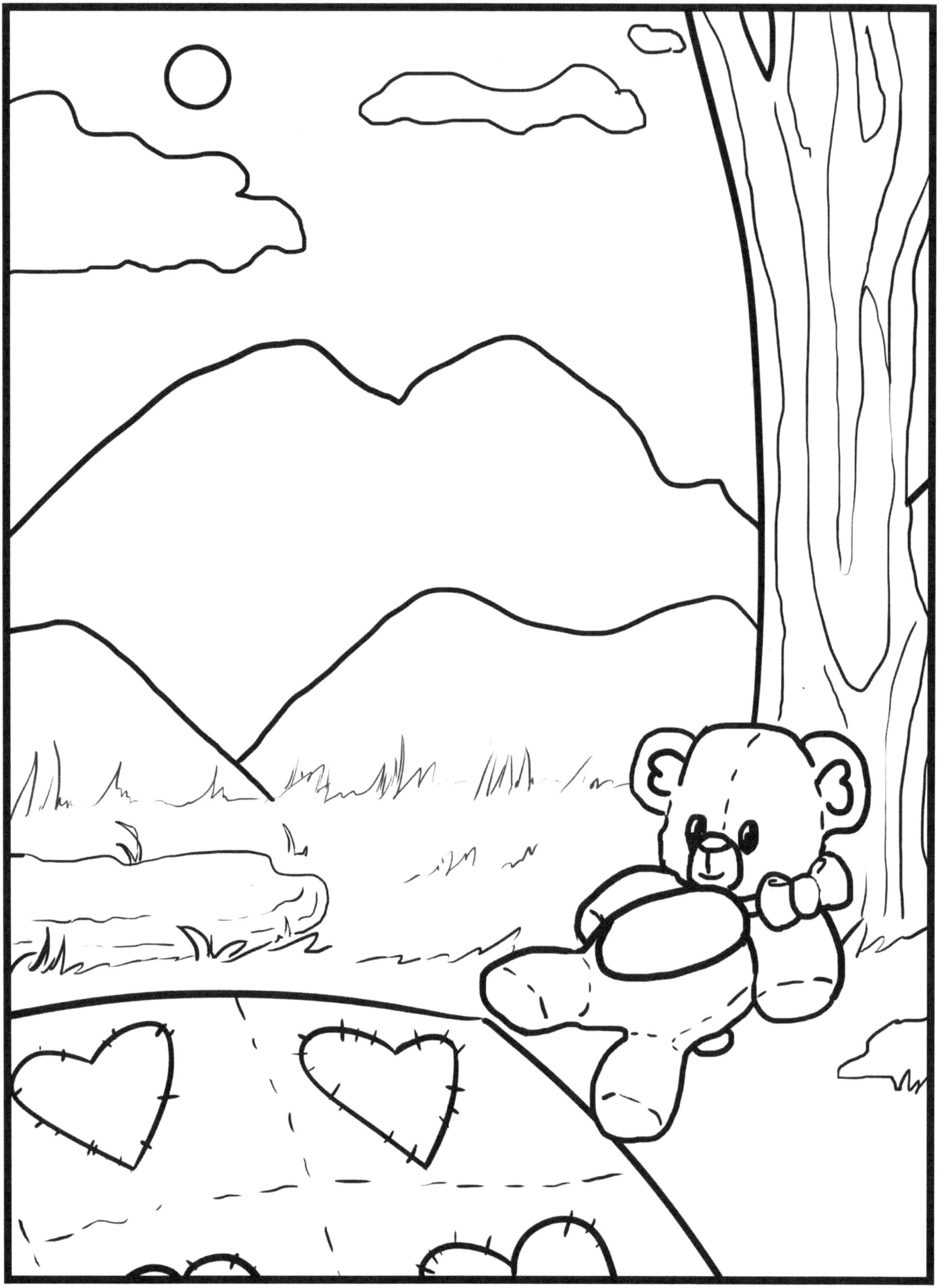

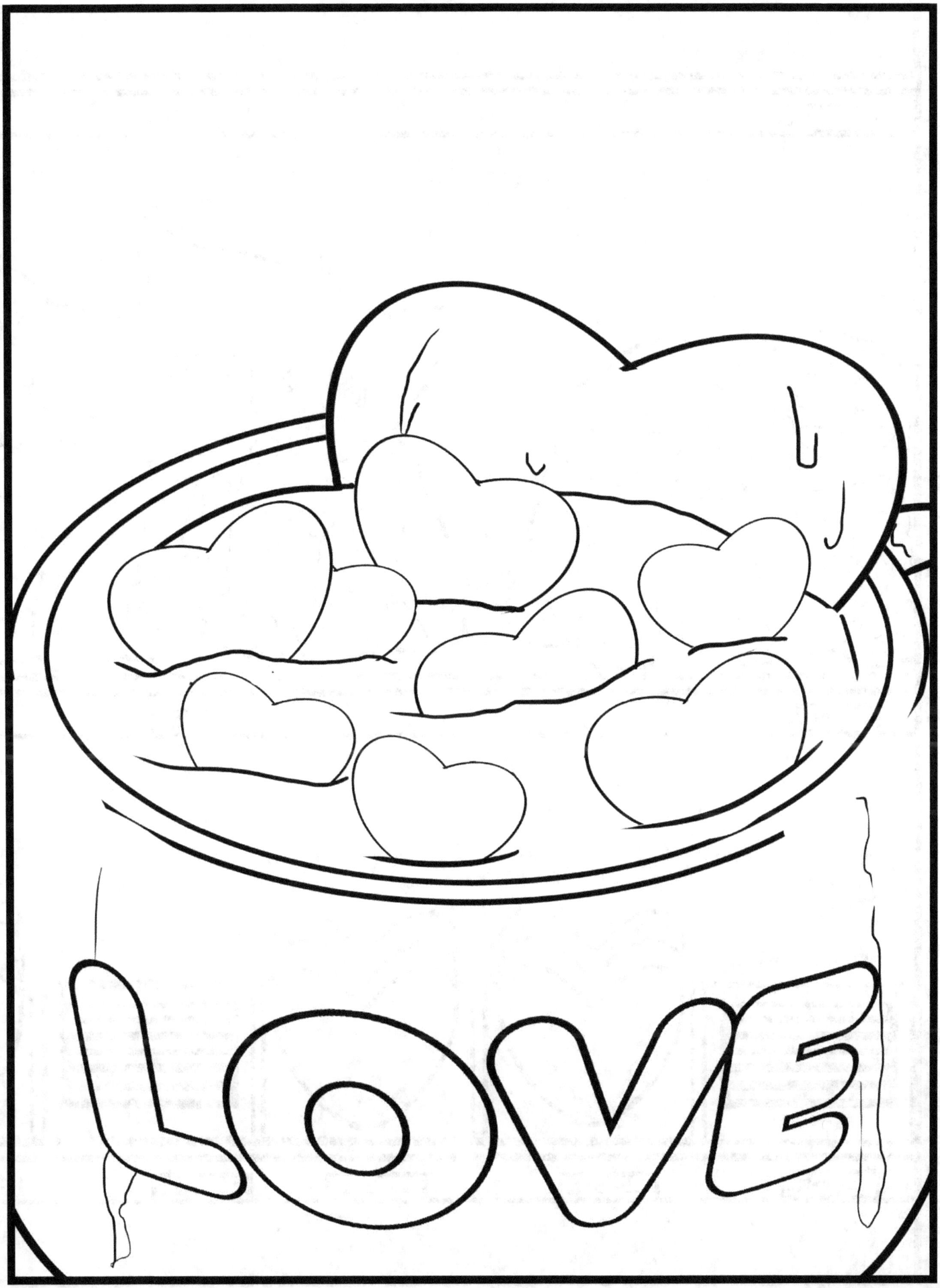
LOVE

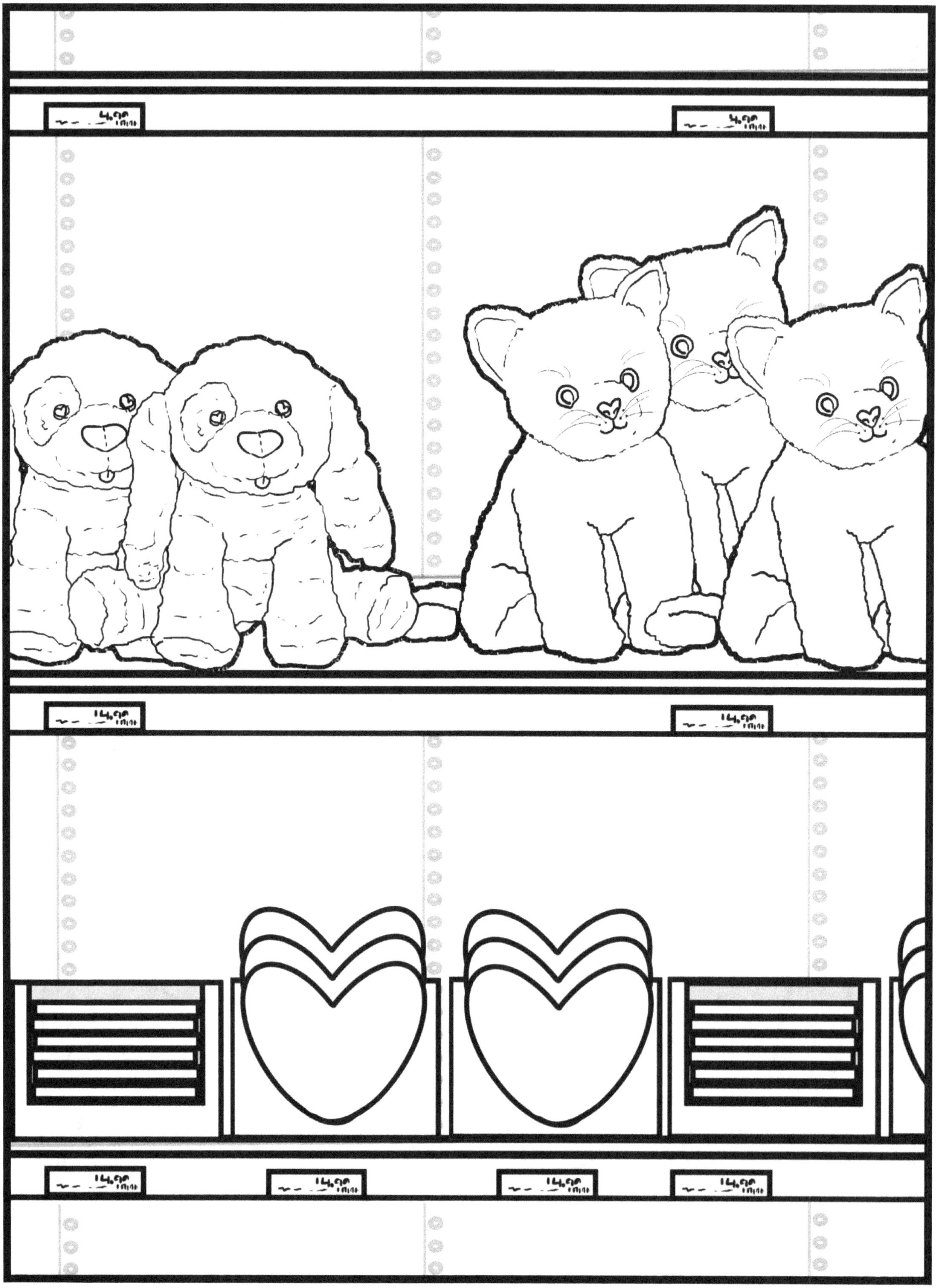

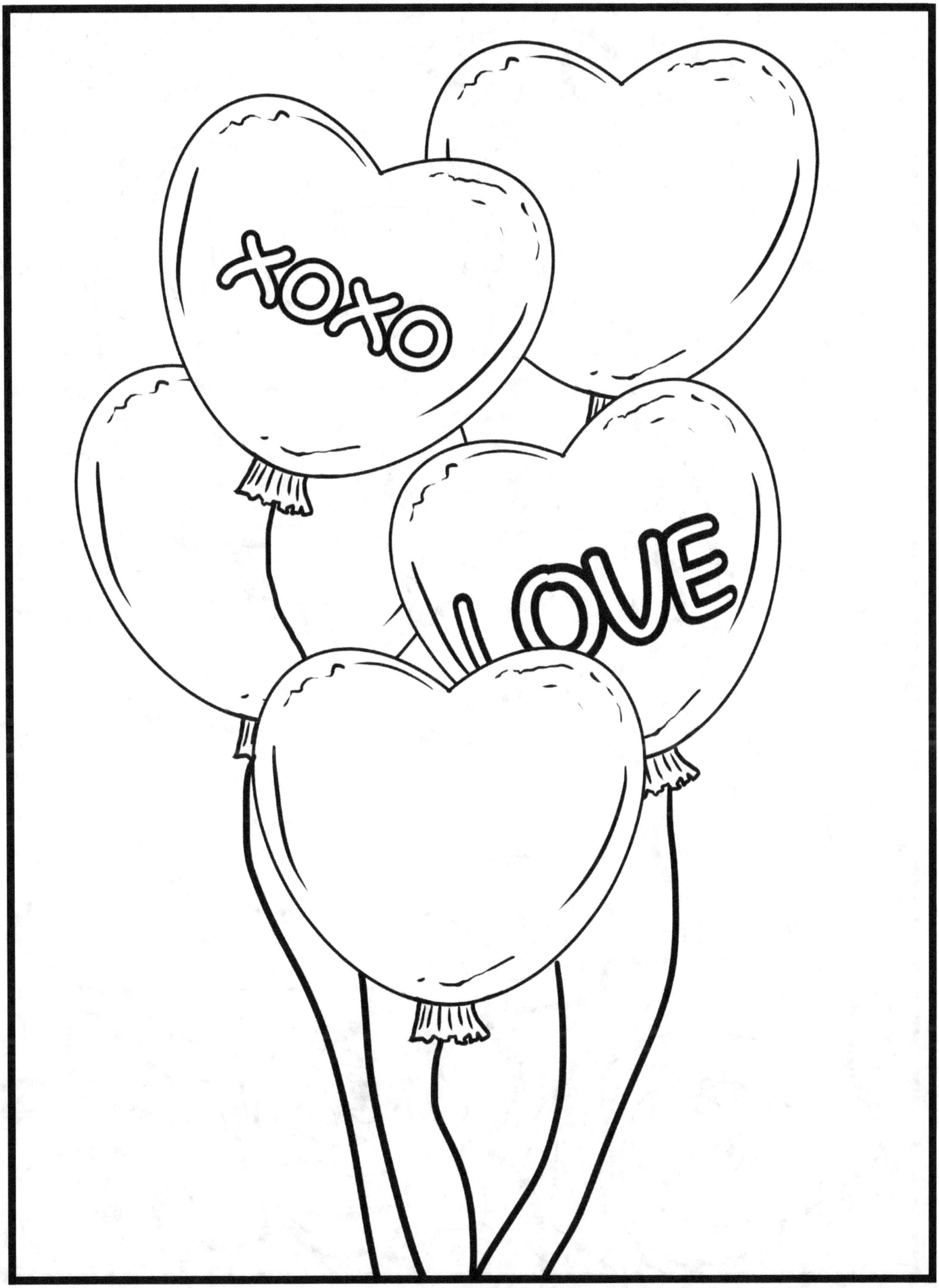
XOXO
LOVE

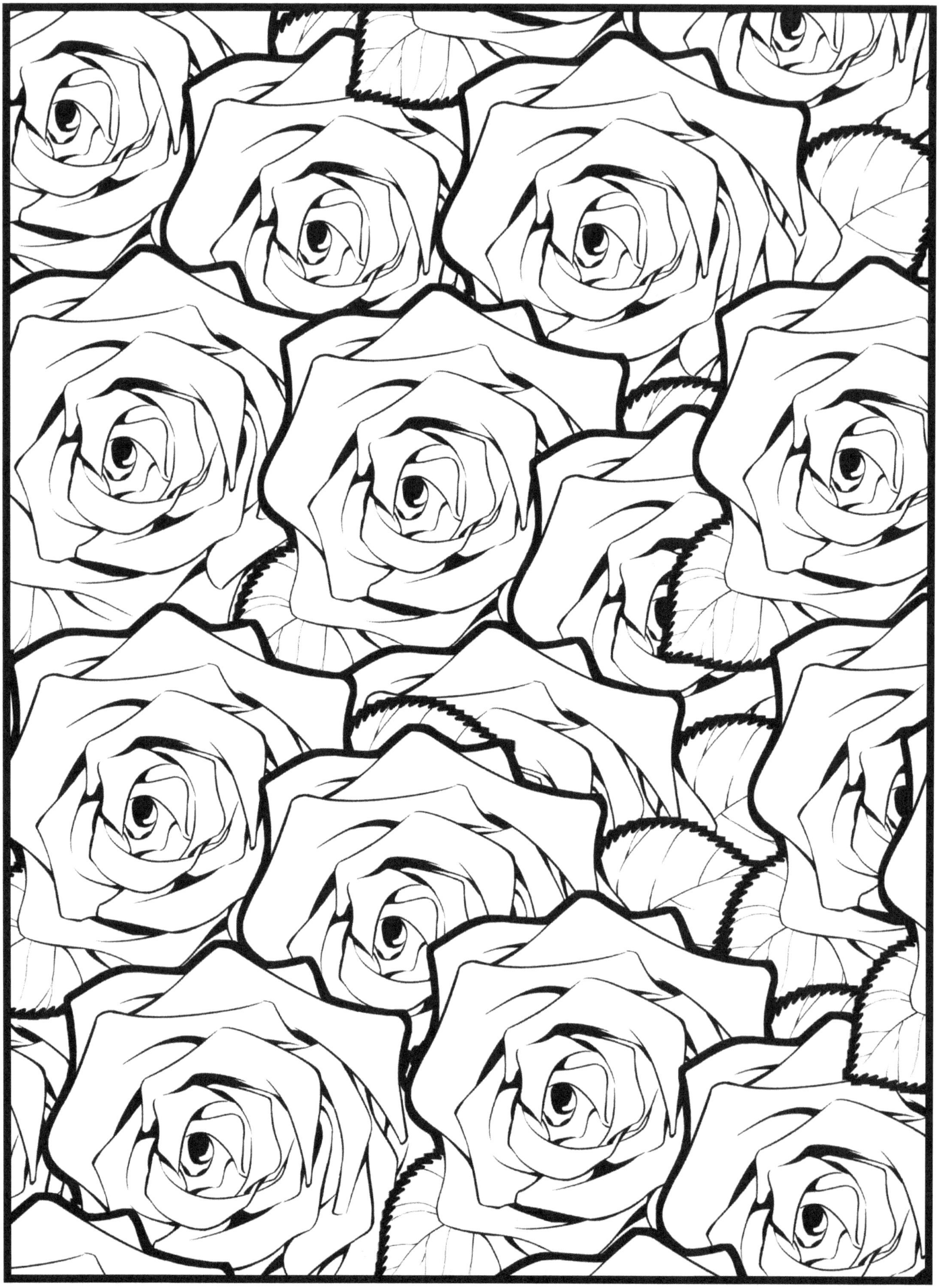

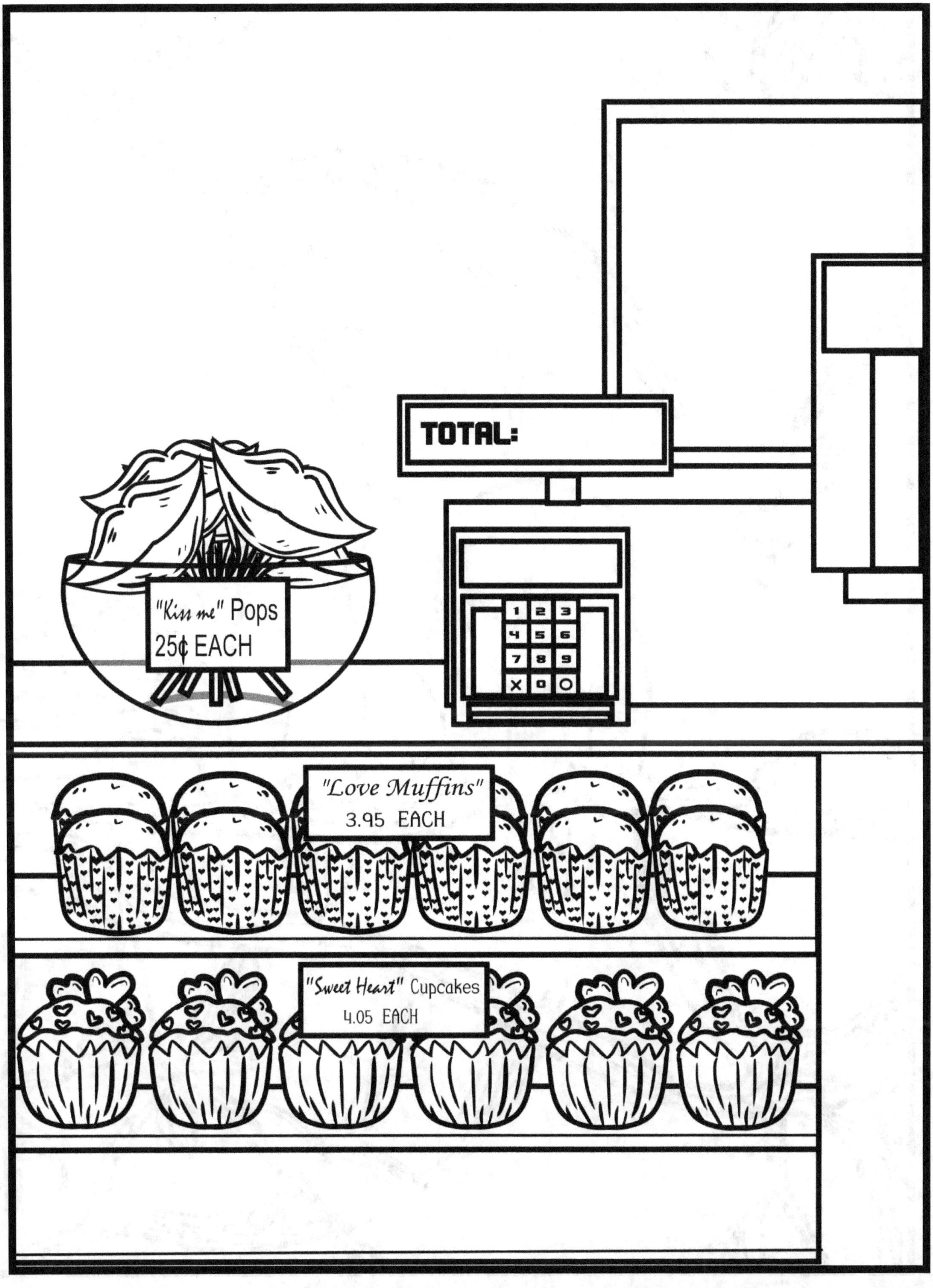
TOTAL:
"Kiss me" Pops
25¢ EACH
"Love Muffins"
3.95 EACH
"Sweet Heart" Cupcakes
4.05 EACH

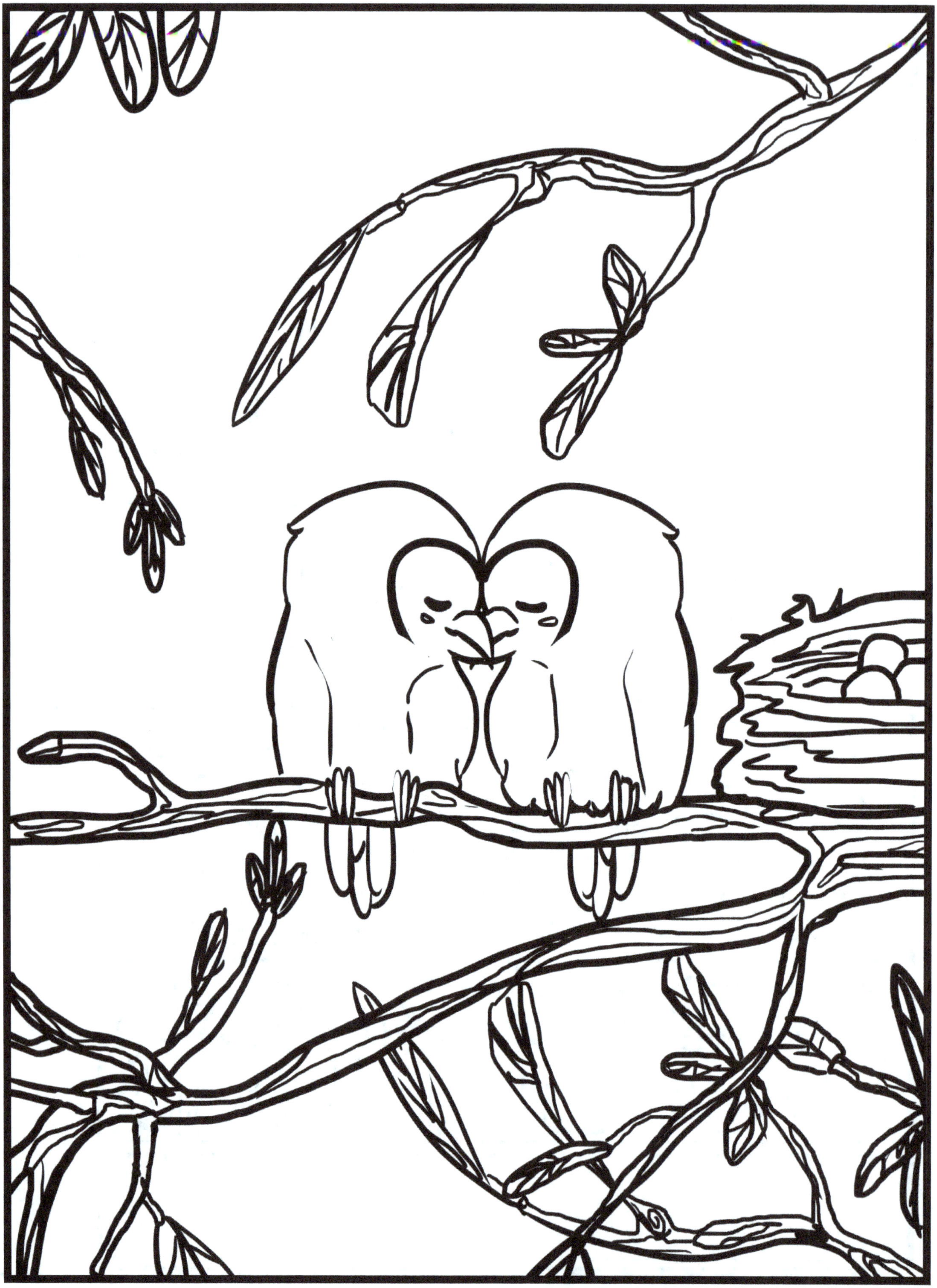

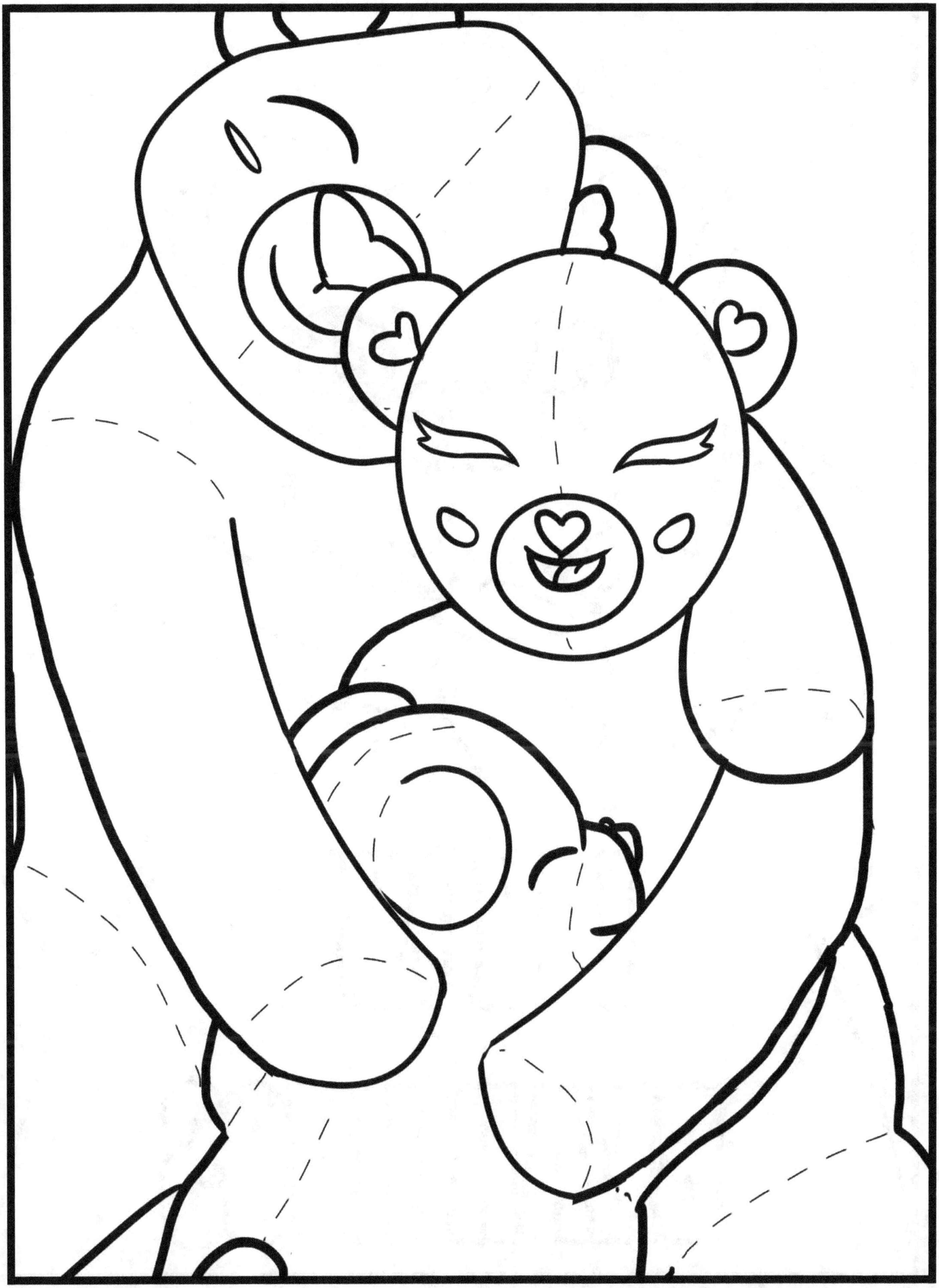

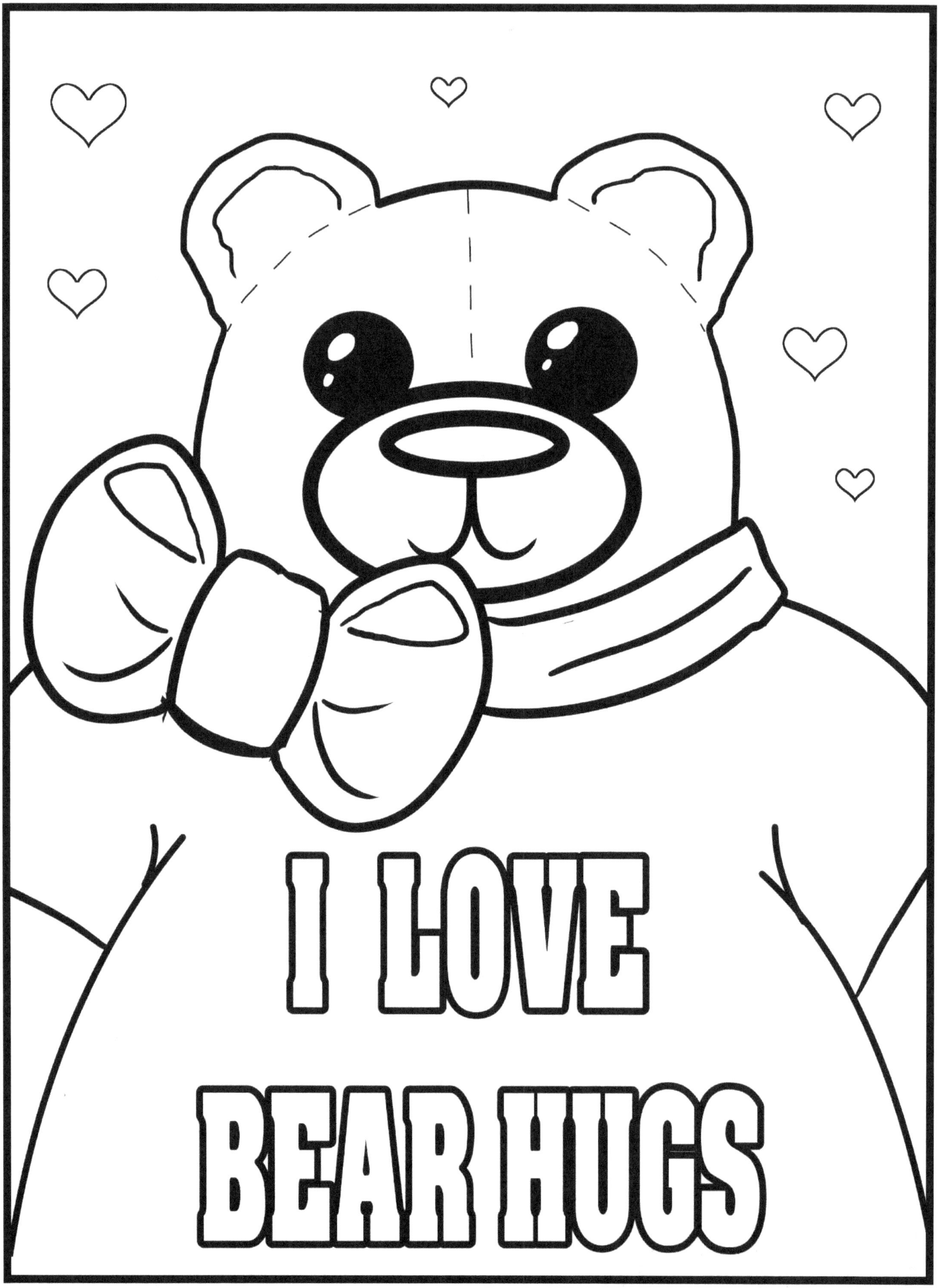
I LOVE
BEAR HUGS

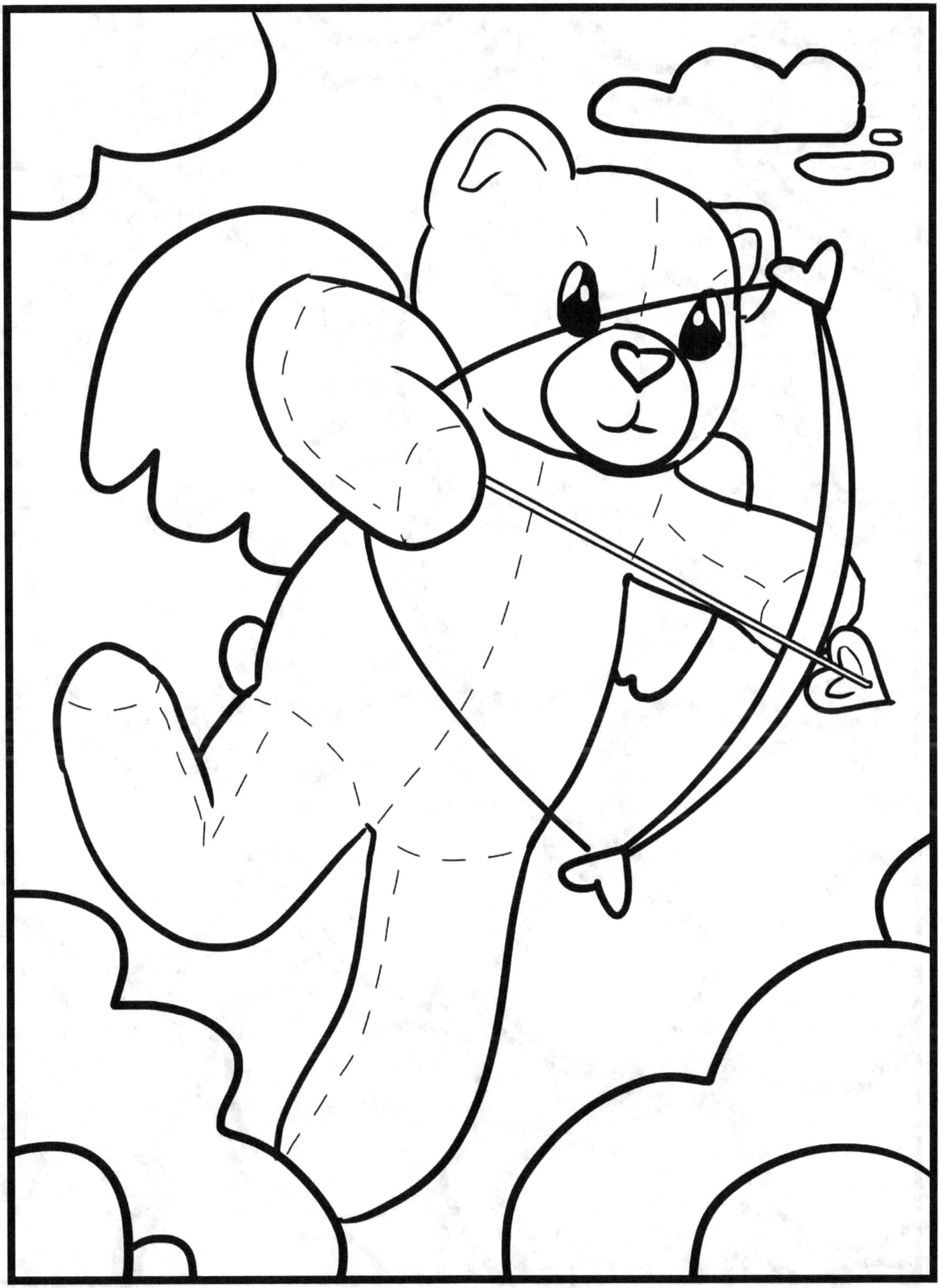

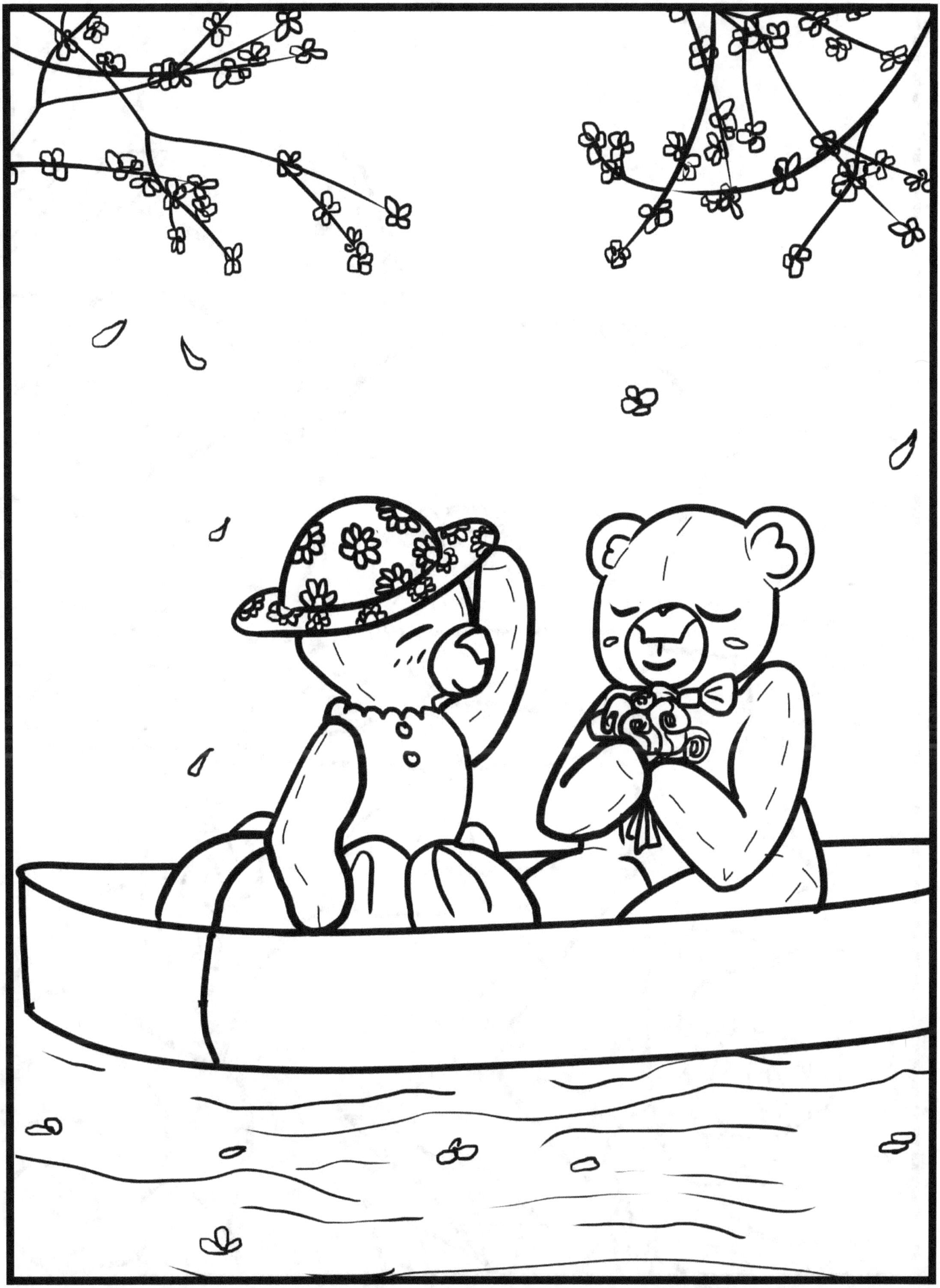

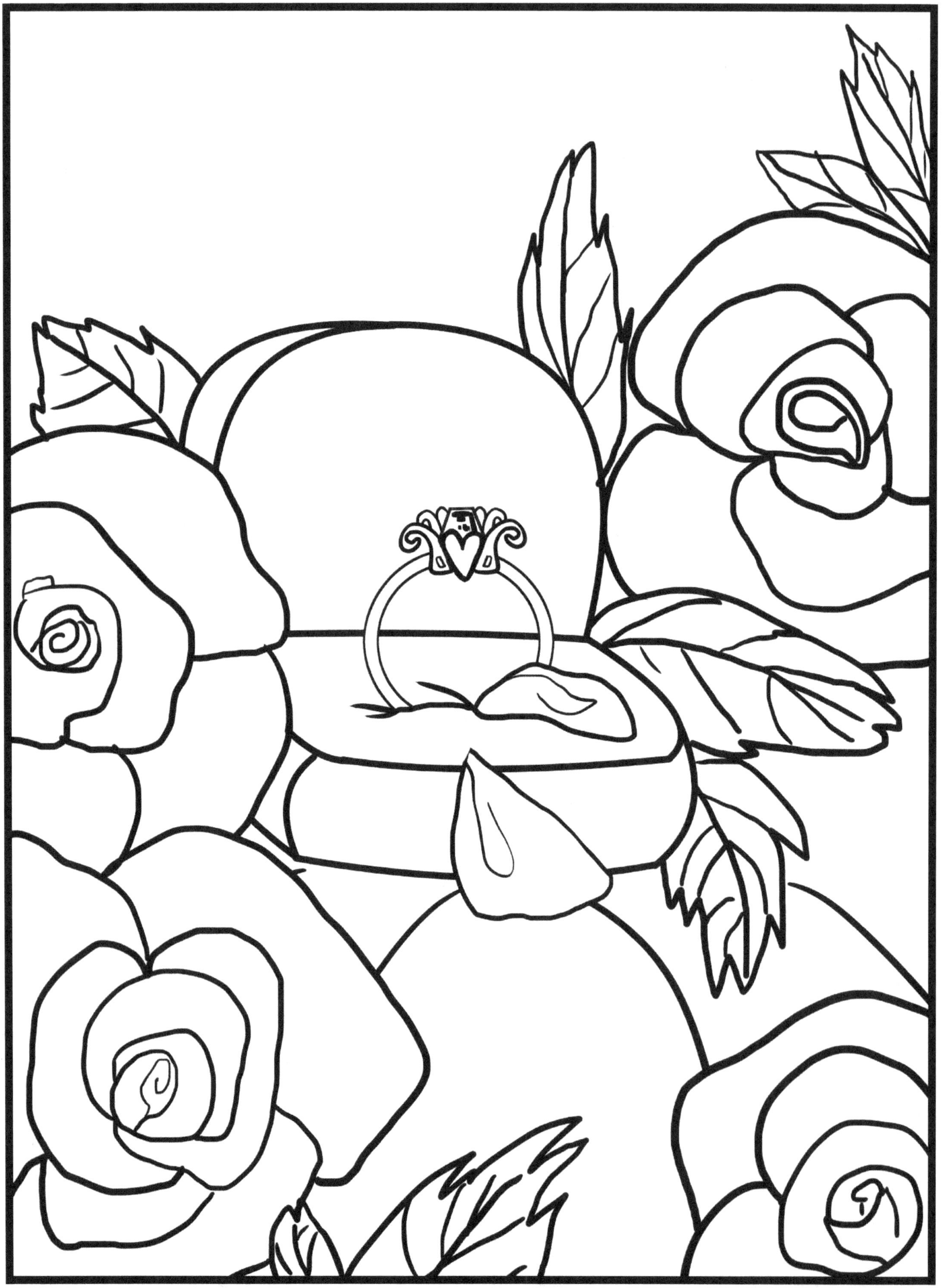

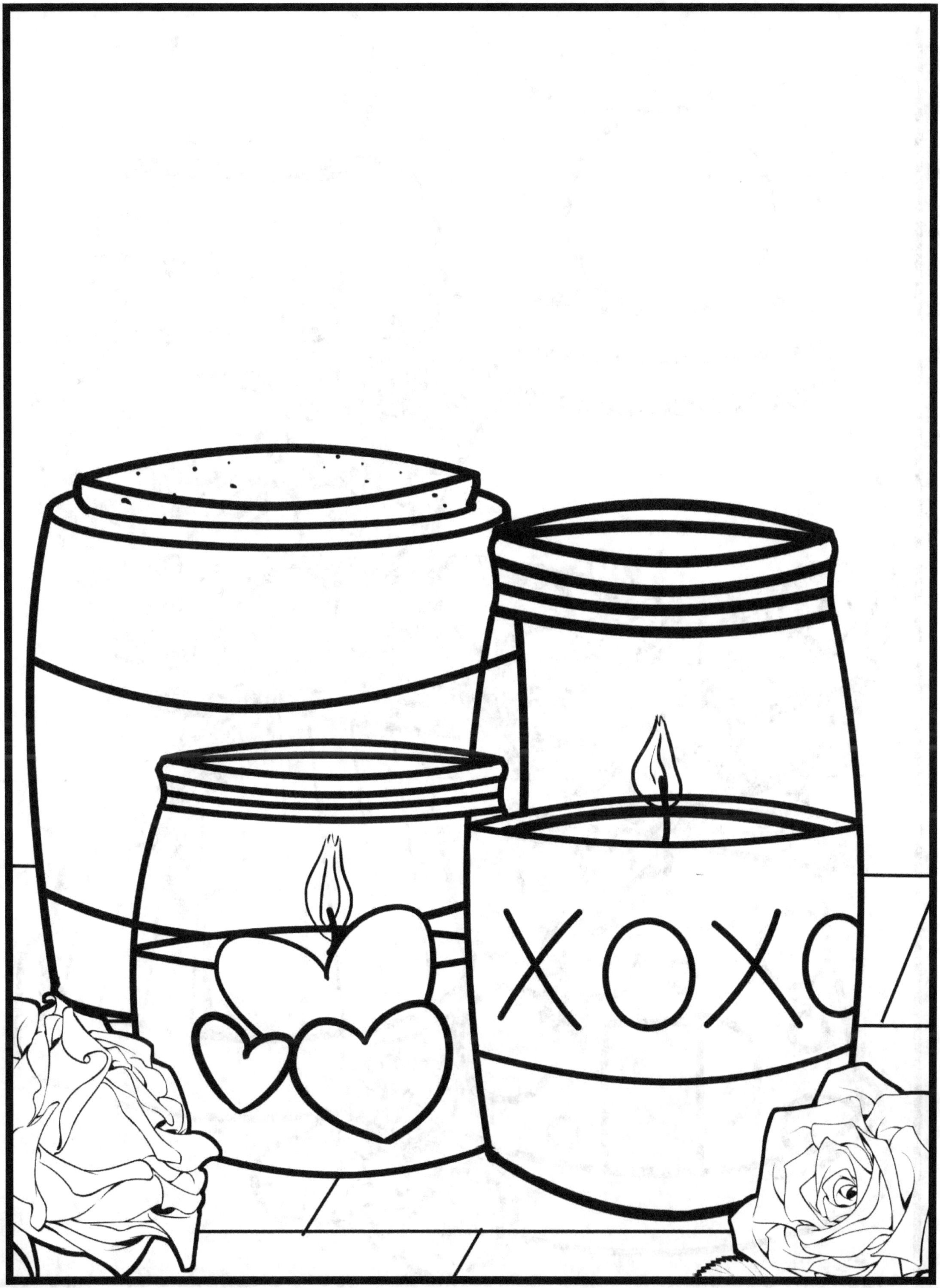
XOXO

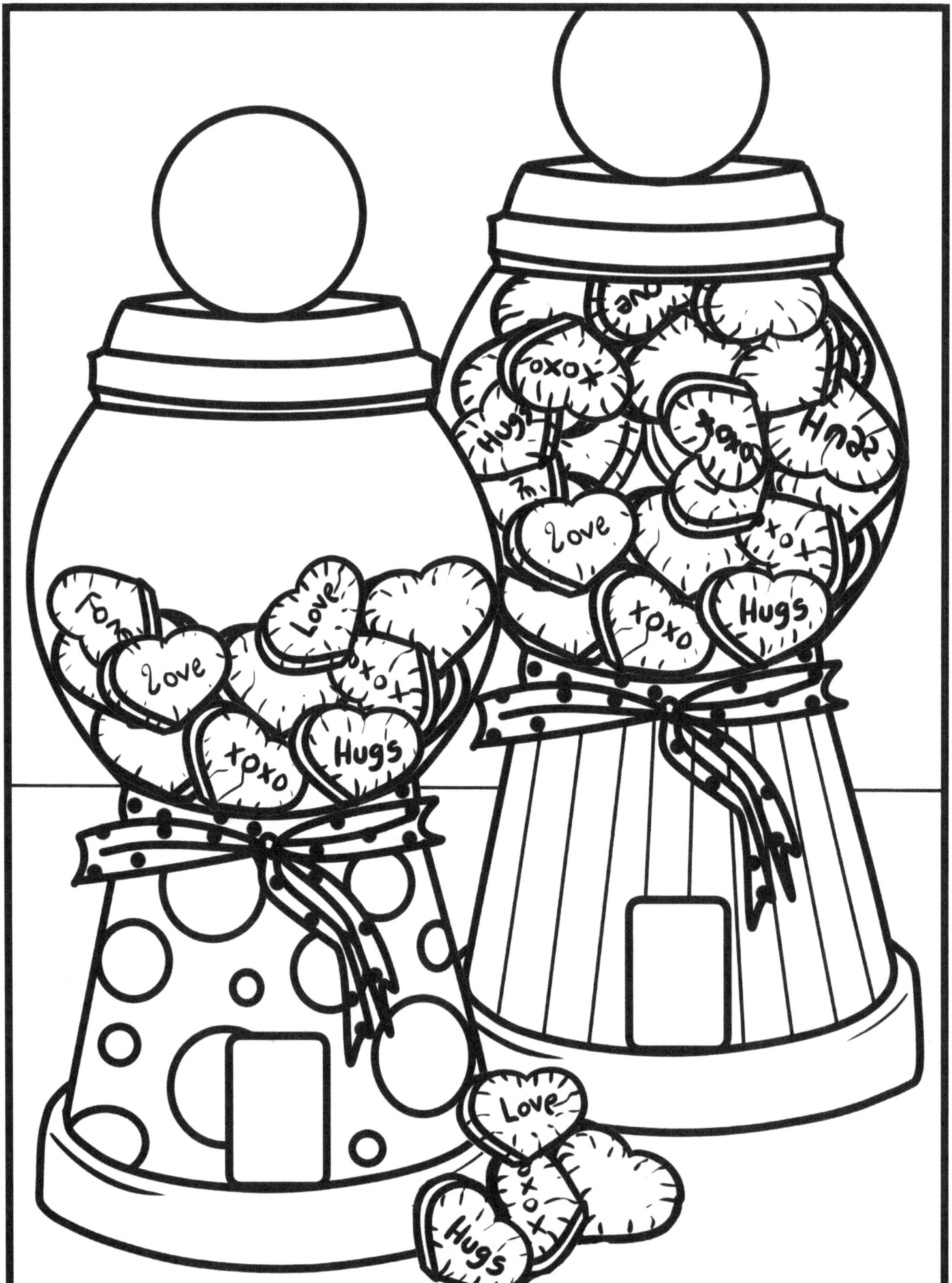
Love
Love
xoxo
Hugs
Love
xoxo
Hugs
Love
Hugs

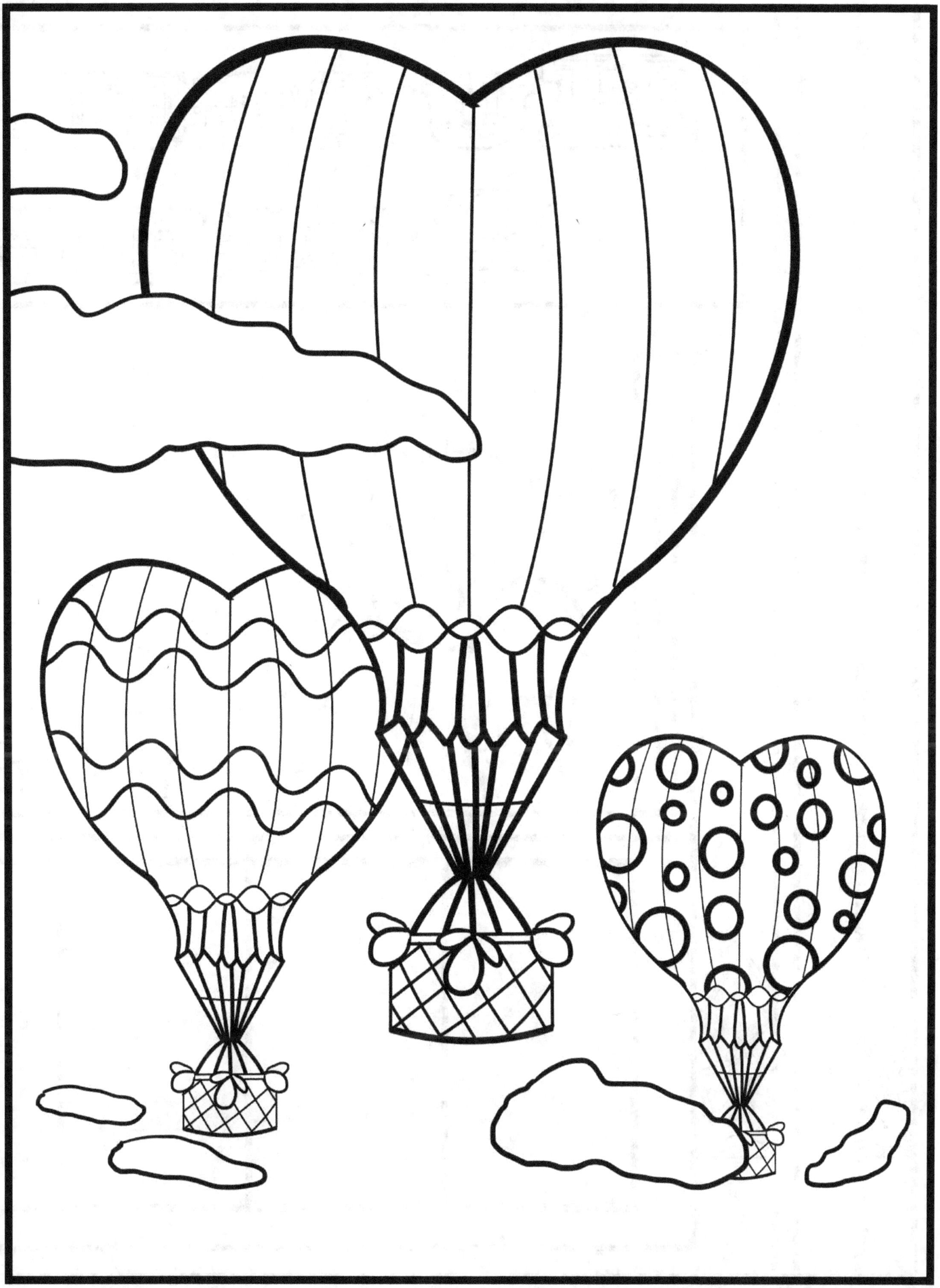

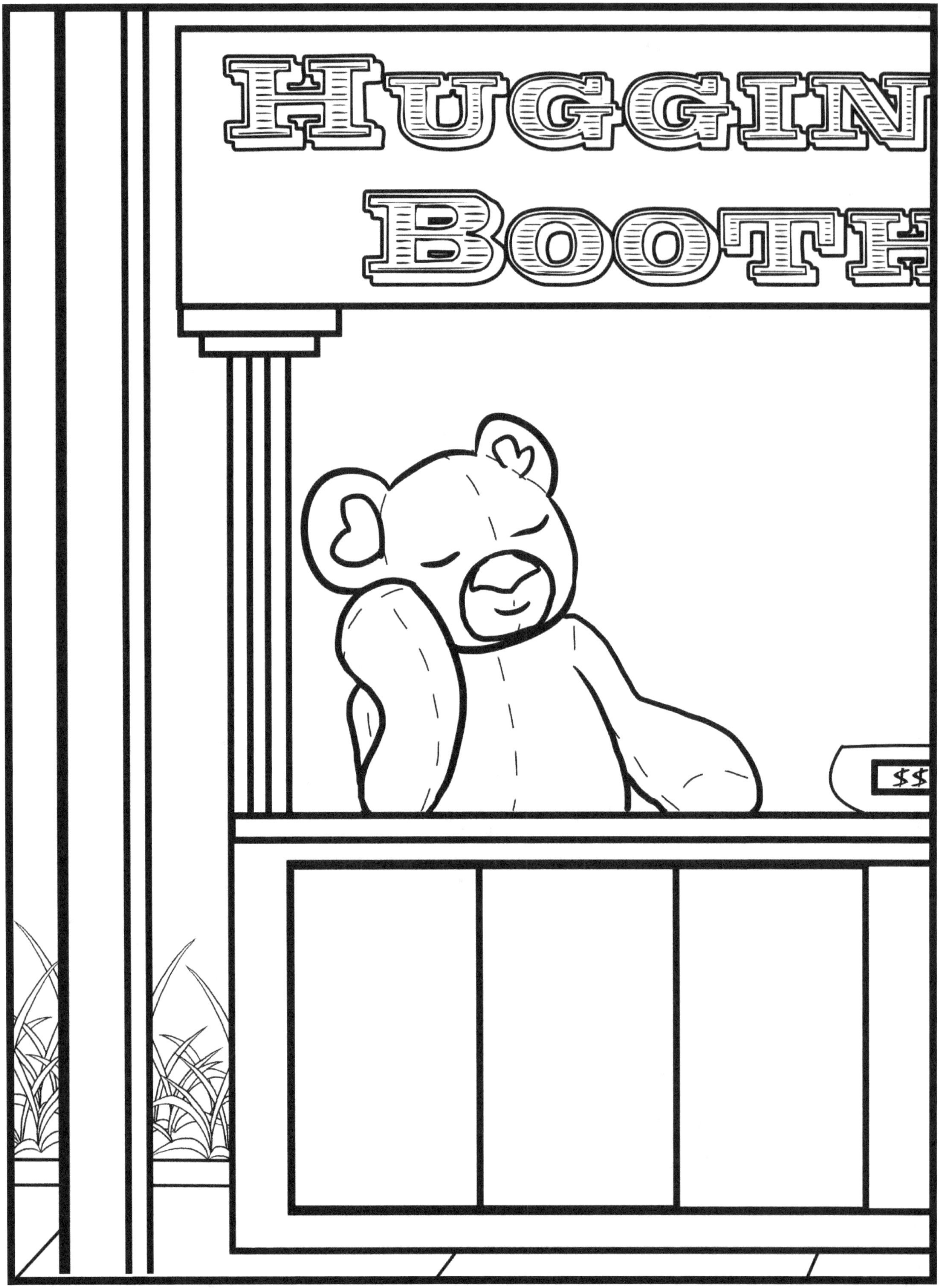
HUGGIN
BOOTH
$$

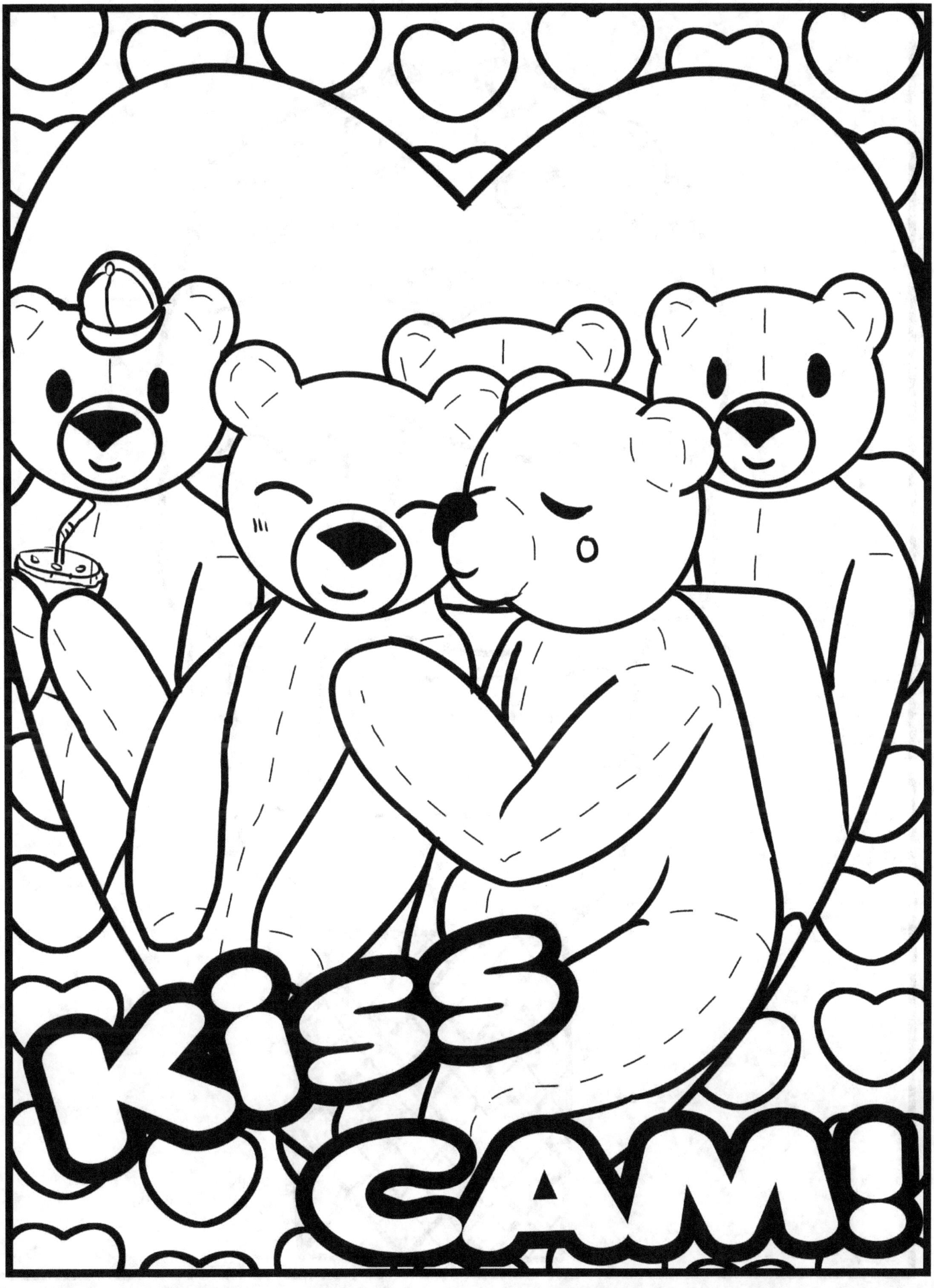
KISS
CAM!

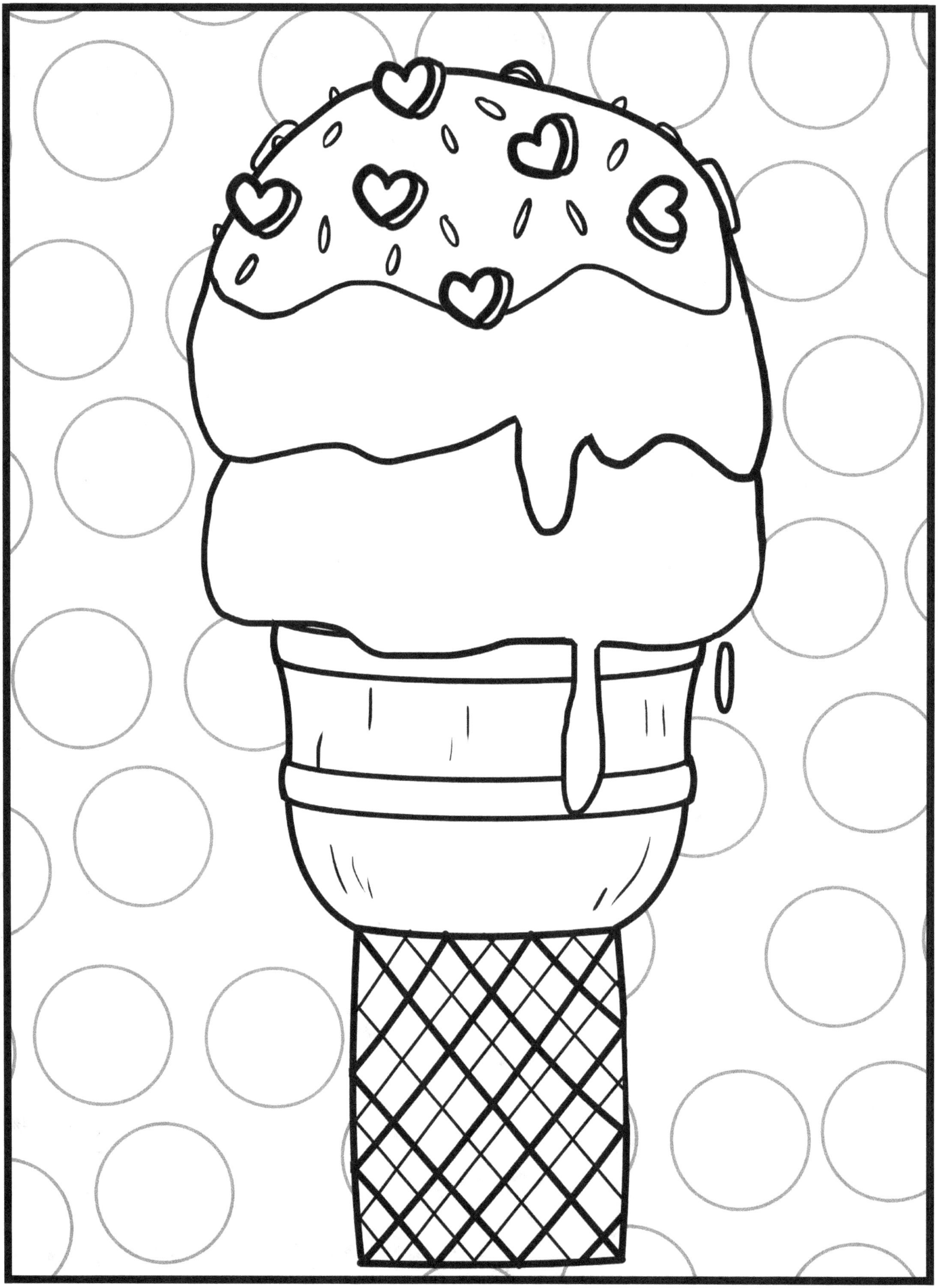

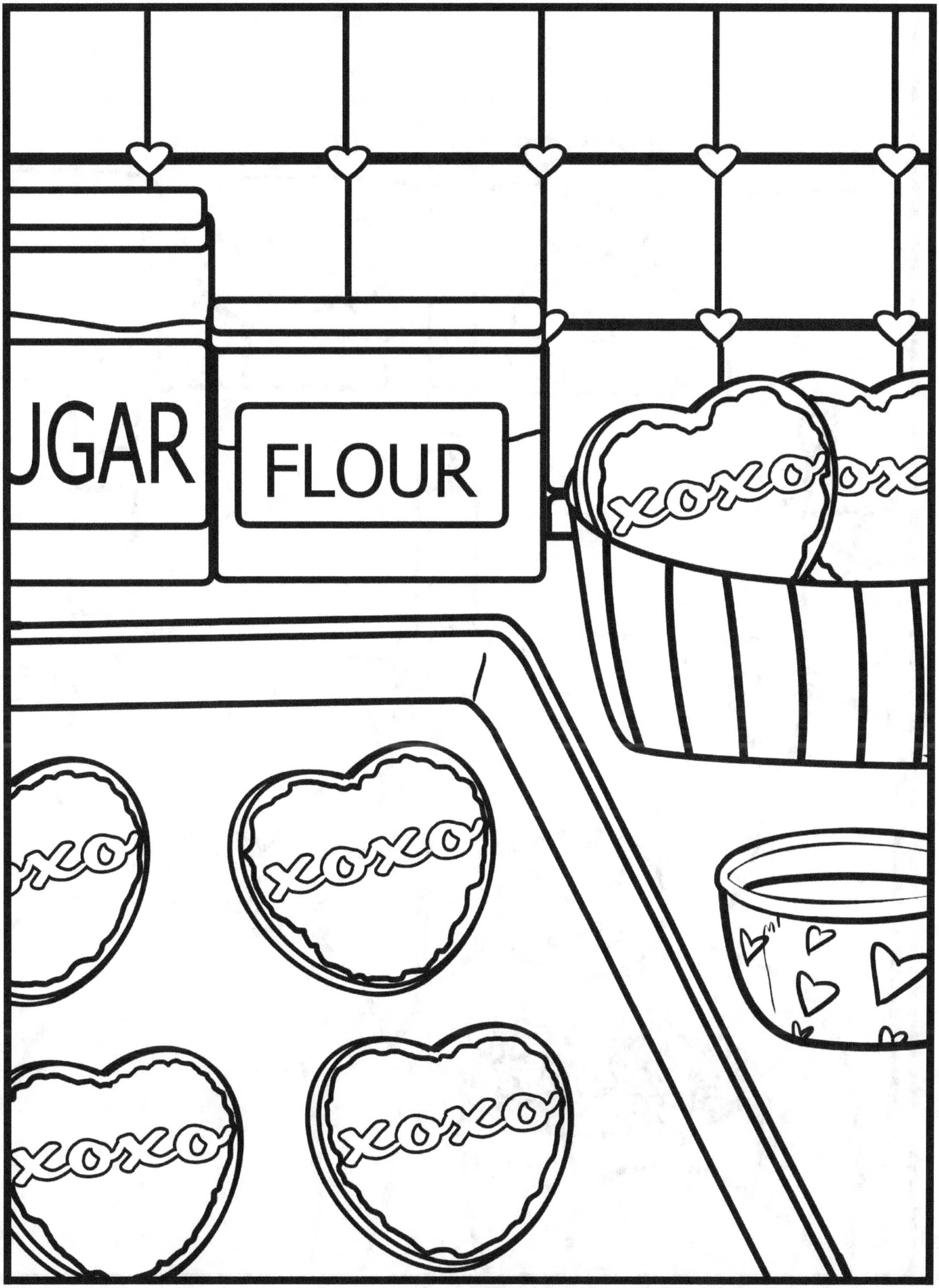
UGAR
FLOUR
xoxo
xoxo
xoxo
xoxo
xoxo
xoxo

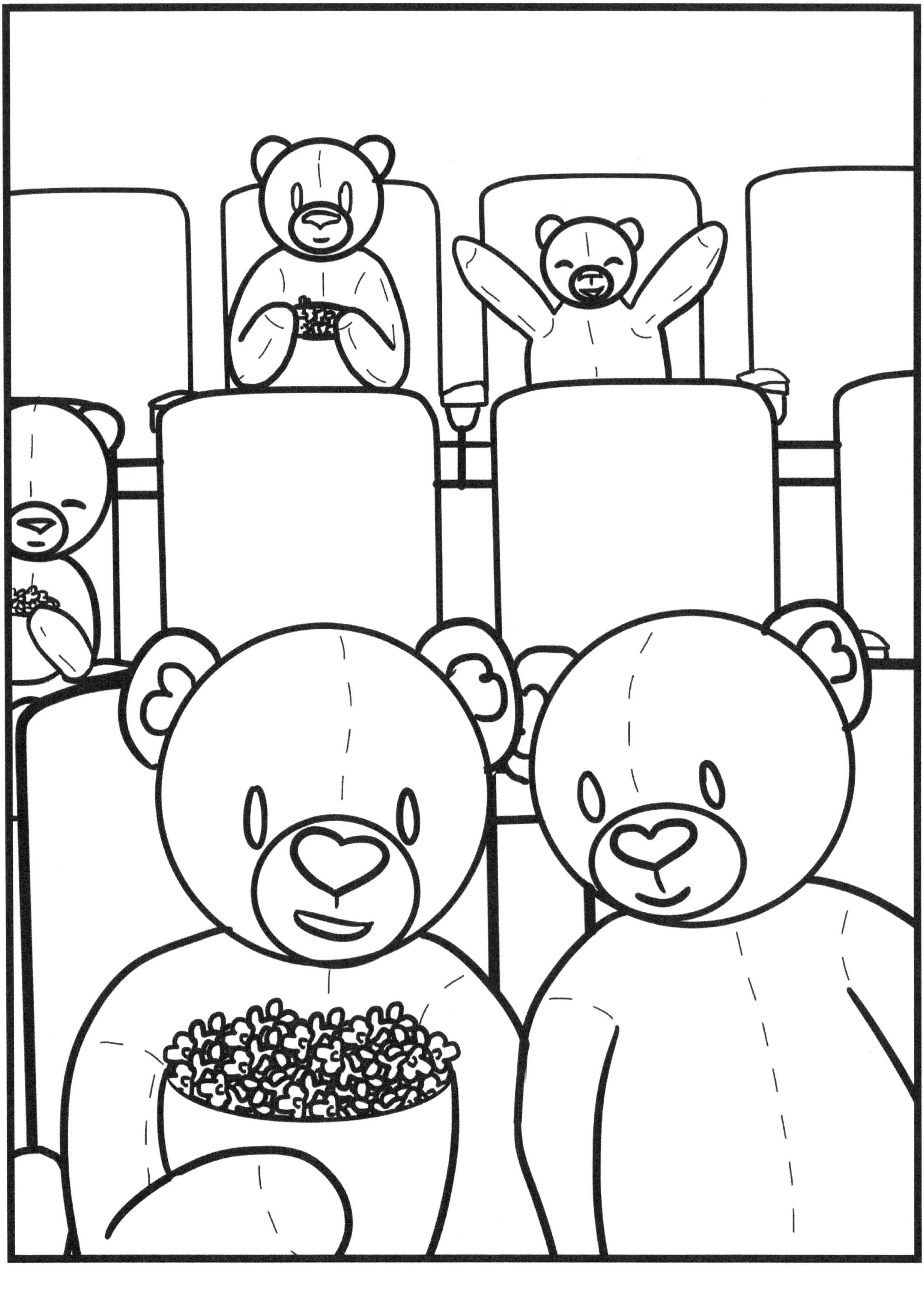

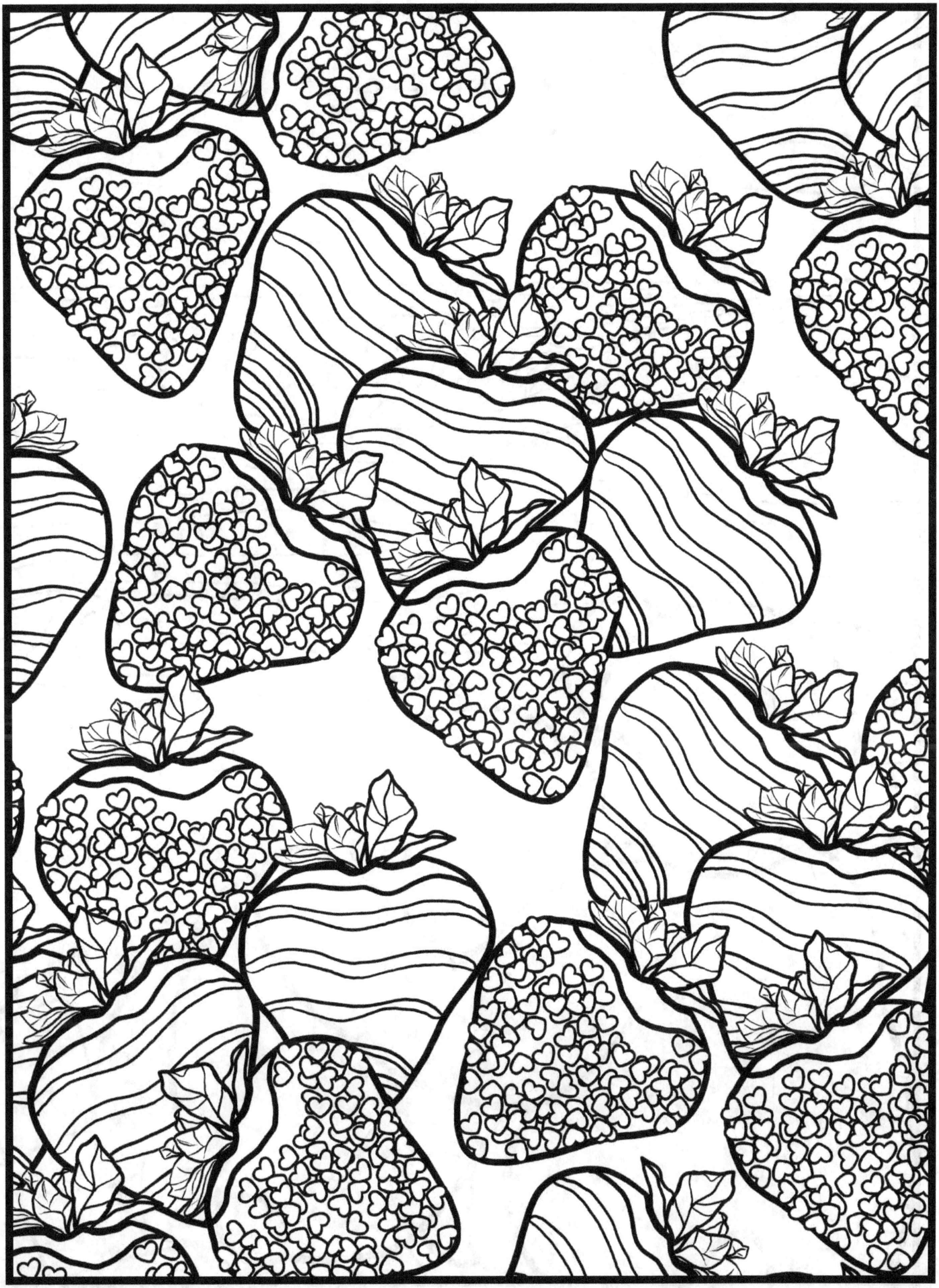

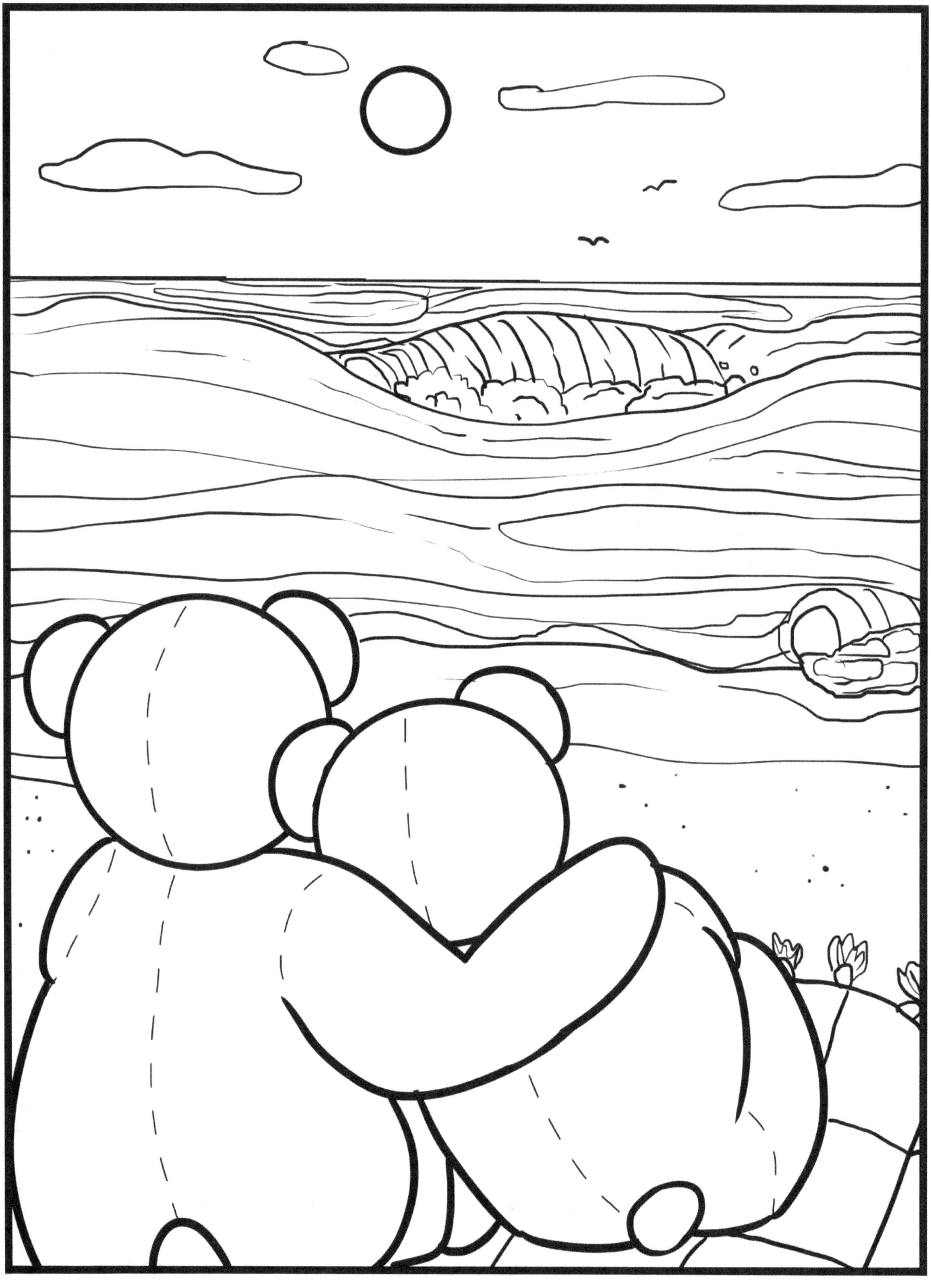

Color
Testing
Page

www.ingramcontent.com/pod-product-compliance
Lightning Source LLC
Chambersburg PA
CBHW080440220526
45465CB00009B/3361
* 9 7 9 8 3 7 6 4 5 3 3 2 2 *